Obosa Eugenia Okougbo

Conformidade regulamentar na cibersegurança financeira

Obosa Eugenia Okougbo

Conformidade regulamentar na cibersegurança financeira

ScienciaScripts

Imprint
Any brand names and product names mentioned in this book are subject to trademark, brand or patent protection and are trademarks or registered trademarks of their respective holders. The use of brand names, product names, common names, trade names, product descriptions etc. even without a particular marking in this work is in no way to be construed to mean that such names may be regarded as unrestricted in respect of trademark and brand protection legislation and could thus be used by anyone.

Cover image: www.ingimage.com

This book is a translation from the original published under ISBN 978-620-7-46172-1.

Publisher:
Sciencia Scripts
is a trademark of
Dodo Books Indian Ocean Ltd. and OmniScriptum S.R.L publishing group

120 High Road, East Finchley, London, N2 9ED, United Kingdom
Str. Armeneasca 28/1, office 1, Chisinau MD-2012, Republic of Moldova, Europe
Printed at: see last page
ISBN: 978-620-7-40148-2

Conformidade regulamentar na cibersegurança financeira

Obosa Eugenia Okougbo

Índice

DEDICAÇÃO

Este livro é um trabalho de paixão, dedicação e a crença inabalável de que as pequenas empresas merecem um escudo no campo de batalha digital em constante evolução. É com imensa gratidão e humildade que dedico esta obra a mim próprio, reconhecendo o percurso, os desafios e as vitórias que moldaram a sua criação.

Ao dedicar este trabalho, estendo a minha mais profunda gratidão às inúmeras pessoas que moldaram o meu percurso - mentores, família, amigos e todos aqueles que acreditaram no poder das palavras para provocar a mudança. A vossa influência colectiva teceu-se no tecido destas páginas.

Que este livro seja não só um guia para as pequenas empresas, mas também um lembrete para mim próprio - um testemunho de perseverança, aprendizagem e capacidade de implementar soluções face aos desafios. Ao dedicar este livro a mim, celebro o percurso que me trouxe até aqui e o potencial que ele abre para os outros.

Com auto-apreciação e sentido de realização,

Obosa Eugenia Okougbo

1 Capítulo 1: INTRODUÇÃO E ABORDAGEM

No mundo digital moderno, onde há dinheiro, há ciberataques. De acordo com a IBM, o sector das finanças e dos seguros é, há três anos consecutivos, o sector mais atacado (com 19% de todos os ataques registados em 2018). Não é surpreendente, dado que o "digital" é a tendência de facto nas finanças, onde os serviços financeiros digitais são vistos como um dos principais motores de uma maior inclusão financeira. A tendência "digital" veio para ficar, como ilustrado pelo recente lançamento da Task Force do Secretário-Geral das Nações Unidas para o Digital
O financiamento dos Objectivos de Desenvolvimento Sustentável, a promoção dos serviços financeiros digitais pelas agências internacionais de desenvolvimento, as oportunidades criadas pelas empresas (tanto no mundo desenvolvido como no mundo em desenvolvimento)[5] e o interesse do mundo académico.

Nos últimos anos, registaram-se progressos significativos na digitalização global das finanças. De facto, o Banco Mundial refere que, entre 2014 e 2017, o número de adultos que utilizam pagamentos digitais aumentou de 41 para 52% (um aumento de 11%) e a percentagem de adultos com uma conta cresceu de 62 para 69%. Isto traduz-se em 500 milhões de novos utilizadores ligados à infraestrutura financeira digital, bem como em *500 milhões de novos alvos* para os ciberataques.
No entanto, tal como os ciberataques não foram inventados ontem, também as instituições financeiras estão (ou pelo menos deveriam estar) conscientes dos riscos potenciais. Afinal, o risco de cibersegurança é apenas uma forma de risco operacional que "deve fazer parte dos procedimentos gerais de gestão de riscos, da gestão geral de crises e do planeamento geral da continuidade das actividades". No entanto, até há pouco tempo, as regras relativas à ciber-resiliência[12] raramente assumiam a forma de instrumentos específicos de cibersegurança, sendo geralmente incluídas noutros regulamentos (por exemplo, em matéria de proteção de dados) - e, por esta razão, permaneciam frequentemente rudimentares.

Nos últimos anos, o panorama regulamentar da cibersegurança sofreu alterações substanciais. Novas leis e instrumentos regulamentares centrados exclusivamente na cibermedicina foram adoptados em várias jurisdições, incluindo Hong Kong, Rússia, EUA e Singapura. A cibersegurança passou também a ser objeto de regras e recomendações internacionais adoptadas por numerosas organizações, incluindo o CBSB, o CPMI, o CEF, o G7, a IAIS, o FMI, a IOSCO, a OCDE e o Grupo do Banco Mundial (ver secção V(A) infra para mais pormenores). No entanto, o aparente grande interesse numa eventual harmonização internacional dos regimes regulamentares da cibersegurança ainda não se traduziu em legislação internacional rigorosa.

O sector financeiro está no centro dos novos instrumentos de cibersegurança, que surgiram em resultado da convergência de múltiplos factores (analisados na secção II). No entanto, na ausência de uma abordagem internacional acordada, as novas regras de cibersegurança variam significativamente consoante as jurisdições. O presente artigo analisa os quadros jurídicos emergentes no domínio da cibersegurança nas finanças através de um estudo comparativo que abrange os sistemas jurídicos da Europa, Ásia, América do Norte e Austrália. Identifica as características comuns desses quadros e avalia as perspectivas da sua harmonização a nível internacional. Uma vez que os quadros de cibersegurança diferem drasticamente entre as jurisdições seleccionadas (o que torna contra-intuitiva uma comparação direta lado a lado), tanto em termos de âmbito como de nível de pormenor, o presente artigo centra-se principalmente no único sistema transnacional conhecido de regras de cibersegurança - a legislação e os regulamentos adoptados a nível da União Europeia (UE) - como possível precursor de uma harmonização internacional mais ampla.

1.1 Razões para uma maior atenção da regulamentação

Vários factores podem explicar o facto de a nova regulamentação em matéria de cibersegurança se centrar no sector financeiro.

Em primeiro lugar, as ciberameaças exigem uma atitude totalmente diferente ("assumir a violação"), baseada no pressuposto realista de que nem todos os ataques podem ser evitados, pelo que se deve dar mais ênfase à identificação - e à resposta - às ameaças, em vez de tentar construir ciber-fortalezas impenetráveis. Esta abordagem é motivada, entre outros factores, pela natureza diferente das ciberameaças (que são persistentes, dinâmicas, inteligentes e adaptáveis), pela sua capacidade de penetrar facilmente nas fronteiras nacionais e pela ineficácia de certas medidas para evitar perturbações operacionais (como o espelhamento de dados num servidor numa localização física diferente) para as enfrentar. Juntamente com a sua natureza (invariavelmente) furtiva e a capacidade de escalada rápida, estes factores tornam os ciberataques um perigo real.

Em segundo lugar, o sector financeiro está a passar por um aumento sem precedentes da digitalização de dados. Entre os exemplos contam-se: i) canais digitais directos e seguros de comunicação com os bancos centrais; ii) novos métodos de pagamento no âmbito dos sistemas de pagamento (por exemplo, utilizando códigos de barras, números de telefone ou tecnologia vestível); iii) operações documentais sem papel (incluindo as que utilizam tecnologia de livro-razão distribuído); iv) implementação de "contratos inteligentes"; v) utilização crescente de dados biométricos para identificar clientes de instituições financeiras (desde o ambicioso projeto Aadhaar na Índia até à nova plataforma biométrica para identificação de clientes bancários na Rússia); e vi) novos formatos de informação bancária. A tendência só vai continuar com a proliferação de grandes volumes de dados, uma vez que, como o Presidente da CFTC, Christopher Giancarlo, afirmou eloquentemente durante o anúncio do novo gabinete de dados e análises em novembro de 2018, "se os dados são o Rei, então a automatização de processos que anteriormente exigiam... esforço humano é o trabalho crítico do Tribunal do Rei".

Em terceiro lugar, a crescente complexidade e interligação do ecossistema financeiro - baseado na rede operacional interdependente de um vasto leque de intervenientes (bancos, infra-estruturas do mercado financeiro, vários prestadores de serviços) - aumenta os riscos de contágio e cria novos pontos de entrada para os atacantes, exigindo assim uma maior cibersegurança global em todo o sector financeiro (e não apenas nas maiores instituições). A crescente integração de novos tipos de serviços de terceiros (por exemplo, por fornecedores de serviços em nuvem, que armazenam dados fora das instituições financeiras regulamentadas) aumenta ainda mais estes riscos.

Em quarto lugar, o custo dos ciberataques no sector financeiro é muito elevado.

De acordo com

Segundo a Accenture, o sector bancário registou o custo médio anual mais elevado da cibercriminalidade em 2018 (mais de 18 milhões de dólares por banco), com os seguros em quinto lugar (mais de 15 milhões de dólares por empresa). Uma vez que o custo é suscetível de ser transferido para os clientes, é provável que as entidades reguladoras tenham interesse em reduzir o impacto dos ciberataques.

Em quinto lugar, os acontecimentos passados deixaram bem claro que nem as maiores instituições financeiras nem os reguladores financeiros estão imunes às ciberameaças: os bancos centrais do Azerbaijão, Bangladesh, Equador, Itália, Rússia, Suécia e EUA, bem como o BCE, foram todos vítimas de ciberataques bem sucedidos nos últimos anos.

1.2 Questões de conformidade

Devido à natureza complexa do sector financeiro, o cumprimento da legislação federal, estatal e local constitui um desafio monumental. A cibersegurança complica ainda mais a questão. Como explicou Gordon Snow (2011), ex-diretor adjunto da Divisão Cibernética do Federal Bureau of Investigation, "os cibercriminosos demonstraram a sua capacidade de explorar os nossos sistemas financeiros e de mercado em linha que fazem interface com a Internet". Uma vez que o sector financeiro depende fortemente das tecnologias da informação, a conformidade regulamentar torna-se uma componente crítica da cibersegurança. Uma vez que uma grande parte dos activos existe em papel e não fisicamente, a proteção dos dados dos activos constitui uma força motriz da regulamentação.

Assegurar uma cooperação coerente e ativa com outras entidades financeiras é fundamental para alcançar a conformidade. A Lei Gramm-Leach-Bliley (GLBA), por exemplo, determina a forma como as instituições recolhem e partilham informações. As disposições da GLBA exigem confidencialidade e segurança rigorosas para as informações pessoais que as instituições recolhem, tais como números de contas, números da segurança social e historial de crédito. A chave para compreender a GLBA é o facto de o termo "instituição financeira" ter uma definição ampla. A Regra de Salvaguardas da Federal Trade Commission (FTC) estabelece normas adicionais, exigindo que as organizações identifiquem pessoal para supervisionar um programa de segurança, concebam e implementem um programa de salvaguardas e seleccionem fornecedores de serviços capazes de manter as salvaguardas implementadas. Uma vez que muitas das organizações acima mencionadas podem não possuir tais capacidades, estes regulamentos representam um enorme obstáculo.

As questões de conformidade também surgem a nível estatal. A Lei de Notificação de Violação de Segurança (NSB) da Califórnia tem ramificações significativas para o sector financeiro, exigindo que as organizações façam notificações públicas quando a negligência ou um ciberataque resultam em perda de dados. Aprovada em 2002 e a primeira do seu género, a NSB conduziu a outras leis de notificação de violações estaduais e federais. No entanto, destaca-se pelo seu apelo à "notificação quando informações pessoais não encriptadas foram, ou se crê razoavelmente que foram, adquiridas por uma pessoa não autorizada" (Stevens, 2012). O requisito implícito é a encriptação de informações pessoais identificáveis, tanto em transporte como em repouso.

Os regulamentos de retenção de dados também colocam problemas de conformidade às instituições financeiras. A Lei de Transferência Eletrónica de Fundos, Regulamento E, define os requisitos de retenção de dados para as instituições que detêm contas de clientes ou fornecem transferências electrónicas de fundos. As transferências em ATM, os pagamentos de facturas por telefone e as transferências pré-autorizadas de ou para contas são todos abrangidos pelo regulamento. Isto apresenta outra questão de conformidade com a cibersegurança no sector financeiro, exigindo o armazenamento seguro das informações sobre as transacções.

1.3 Questões regulamentares

O resultado final regulamentar para as instituições financeiras reside no requisito legal de tomar "medidas razoáveis" para a conformidade com a cibersegurança, quer se trate de proteção de informações, retenção de dados ou arquitetura de rede segura. À medida que o número e a sofisticação dos ataques aumentam, os responsáveis pela supervisão continuarão a desenvolver novos regulamentos, exacerbando os ambientes de conformidade. As regulamentações colocam o ónus nas organizações individuais para examinar terceiros quando subcontratam. Os contratos e acordos de nível de serviço devem cumprir os requisitos regulamentares.

A regulamentação do sector financeiro varia muito em função do serviço financeiro. Alguns lidam apenas com produtos de investimento e outros com funções de crédito e liquidez (U.S. Department of Treasury, 2010).

Embora existam vários organismos de regulação financeira, existe também uma grande quantidade de autorregulação institucional. Esta desempenha um papel vital, tanto para garantir a confiança do público como para manter os reguladores federais à distância. No entanto, acontecimentos drásticos, como a Enron, a WorldCom e Bernie Madoff, corroem a confiança e levam os legisladores a aprovar regulamentos elaborados à pressa. Do mesmo modo, um incidente devastador no domínio da cibersegurança precipitaria provavelmente a adoção de regulamentos semelhantes sobre cibersegurança.

Algumas áreas do sector financeiro são mais regulamentadas a nível estatal do que a nível federal. Ao abrigo da Lei McCarran-Ferguson de 1945, "o Congresso afirmou o direito dos Estados de regular exclusivamente o sector dos seguros" (Departamento do Tesouro dos EUA, 2010). Os Estados dependem de organizações para notificar entidades como o Departamento do Tesouro e o Comité de Infra-estruturas de Informação Financeira e Bancária (FBIIC) relativamente a incidentes cibernéticos.

Uma aplicação abrangente da regulamentação representa outro desafio significativo. As operações financeiras dependem da cooperação entre entidades de todo o sector. Como tal, uma cibersegurança abrangente exigirá um único organismo regulador com supervisão da cibersegurança. Isto também ajudaria a formalizar os processos de aplicação das normas desenvolvidas pelo sector financeiro. A economia global acrescenta um obstáculo adicional a este desafio. A cooperação com organismos como a União Europeia facilitaria a navegação no panorama financeiro internacional. De acordo com o Conselho de Coordenação do Sector dos Serviços Financeiros (FSSCC), o sector financeiro apoia plenamente a legislação em matéria de cibersegurança (Blauner, 2013).

O objetivo final consiste em desenvolver um quadro de cibersegurança que apoie os processos empresariais. Esse quadro exigirá uma nova mentalidade de segurança e mudanças em processos como a gestão e a atenuação dos riscos. Deste modo, obter-se-á um quadro de cibersegurança mais forte e regulamentos mais eficientes que promovam a confiança entre as instituições financeiras e os seus clientes.

1.4 SEMELHANÇAS DE AMBIENTES DE CONFORMIDADE

Apesar da diversidade do panorama financeiro dos EUA, existem algumas semelhanças entre os ambientes de conformidade. As entidades reguladoras concebem estes ambientes com o objetivo de garantir uma série de interesses, desde a estabilidade financeira nacional à proteção dos consumidores contra actividades como a fraude empresarial, a perda de informações pessoais e a fraude contra uma instituição financeira com seguro federal para obter informações sobre os clientes ou roubar dinheiro. Leis como a GLBA e organismos como a FTC servem estes interesses.

Tal como referido anteriormente, a GLBA exige que as instituições financeiras protejam as informações pessoais dos clientes contra a divulgação indevida e as ameaças à segurança. Enquanto a GLBA tem uma definição mais alargada para as instituições financeiras, a Federal Deposit Insurance Corporation (FDIC) apenas protege as instituições que estão seguradas ao abrigo das suas disposições. Abrange algumas organizações consideradas instituições financeiras ao abrigo da GLBA, como os prestamistas ou as empresas de lavagem de cheques. A Lei relativa à transferência eletrónica de fundos (EFTA) é abrangida pela regulamentação da FDIC e foi desenvolvida para proporcionar um quadro que estabeleça os direitos dos consumidores, bem como as obrigações e responsabilidades daqueles que utilizam sistemas de transferência eletrónica de fundos, incluindo caixas multibanco, terminais de pontos de venda, sistemas de câmaras de compensação automática, pagamentos de facturas por telefone e sistemas bancários remotos.

Embora o NSB do estado da Califórnia tenha sido discutido anteriormente, existem leis semelhantes em quarenta e seis estados, no Distrito de Colúmbia, em Guam, em Porto Rico e nas Ilhas Virgens. Todas exigem que as instituições forneçam notificações de violação de segurança a qualquer pessoa cujas informações pessoais tenham sido acedidas ilegalmente (Greenberg, 2012). O Alabama, o Kentucky, o Novo México e o Dakota do Sul são os únicos estados que não dispõem de uma lei sobre violações de segurança. As normas da FTC para a proteção das informações dos clientes exigem que as instituições financeiras tenham um plano de segurança das informações. Este plano deve abranger as protecções administrativas, técnicas e físicas para garantir a segurança e a confidencialidade das informações dos clientes. Deve também proteger contra quaisquer vulnerabilidades ou ameaças previstas à segurança e integridade das informações dos clientes, e proteger contra o acesso não autorizado a essas informações que possa potencialmente prejudicar ou incomodar um cliente (Federal Trade Commission, 2002). O Gabinete de Proteção do Consumidor da FTC trabalha em prol do consumidor para prevenir a fraude, o engano e as práticas comerciais desleais, aplicando as leis federais que garantem a proteção do consumidor e reforçando assim a sua confiança. Também capacita os consumidores com informações que lhes são disponibilizadas gratuitamente sobre a forma de exercerem os seus direitos e de identificarem e prevenirem a fraude e o engano, sem trocos. Outros ambientes de conformidade incluem a Lei Federal de Gestão da Segurança da Informação (FISMA), o Instituto Nacional de Normas e Tecnologia (NIST) e a Lei Sarbanes-Oxley (SOX). A FISMA é um quadro legislativo abrangente que foi concebido para proteger a informação, as operações e os activos do governo contra ameaças naturais ou provocadas pelo homem (Rouse, 2013). Faz parte da Lei do Governo Eletrónico de 2002. A FISMA coloca a tónica na necessidade de as agências federais desenvolverem, documentarem e implementarem um programa para toda a organização, a fim de garantir a segurança da informação dos seus sistemas que apoiam as suas operações, bem como os seus activos. O National Institute of Standards and Technology (NIST) 800-53, Recommended Security Controls for Federal Information Systems, foi originalmente desenvolvido para apoiar o FISMA e é a principal fonte de controlos de segurança para as agências federais. Isto é importante porque a maioria das instituições financeiras é abrangida pelo FDIC.

A FDIC é responsável por preservar e promover a confiança do público nos sistemas financeiros dos EUA, assegurando pelo menos 250 000 dólares em depósitos em bancos e instituições de crédito; identificando, monitorizando e tratando os riscos identificados para os fundos de seguro de depósitos; e limitando o efeito sobre a economia e o sistema financeiro em caso de falência de um banco ou instituição de crédito. O FDIC apenas assegura contas correntes, poupanças, fundos fiduciários, certificados de depósito, contas individuais de reforma e contas de depósito do mercado monetário (Marco, 2008). Com todas as ameaças à cibersegurança e preocupações com as instituições financeiras, os cidadãos devem querer ter a certeza de que o seu dinheiro está protegido, utilizando um banco com seguro FDIC.

A Lei Sarbanes-Oxley (SOX) foi concebida para prevenir a fraude empresarial através da documentação e divulgação regulares dos controlos internos de uma empresa, do código de ética e dos relatórios de auditoria que podem conduzir à análise da fraude empresarial. Os emitentes devem divulgar urgentemente ao público informações sobre alterações materiais na sua situação financeira ou operações e devem ser publicadas em termos fáceis de compreender e, se for caso disso, apoiadas por dados qualitativos e de tendências e apresentações gráficas. A SOX é semelhante à GLBA porque ambas analisam os registos para identificar sinais de violações e explorações de segurança, implementam processos para os resolver rapidamente e retêm esses registos para serem analisados pelos auditores.

Quase todos estes ambientes de conformidade exigem que as instituições financeiras forneçam alguma forma de divulgação clara e conspícua de informações aos consumidores, seja por escrito ou eletronicamente. Especificamente, a GLBA exige que a divulgação inclua a forma como as instituições divulgam informações pessoais não públicas a terceiros afiliados e não afiliados, bem como a categoria de informações que são divulgadas. Outros requisitos da GLBA regem a divulgação de informações relativas a clientes anteriores e a proteção de informações pessoais não públicas (U.S. Federal Trade Commission, 2002). A FDIC tem de cumprir os requisitos de divulgação relacionados com informações como hipotecas imobiliárias, empréstimos para educação e dados financeiros detidos por bancos estatais não membros segurados pela FDIC. Os regulamentos também exigem a notificação caso ocorra uma violação de segurança que afecte os clientes de uma instituição.

1.5 DIFERENÇAS DE AMBIENTES DE CONFORMIDADE

Apesar das suas semelhanças, os vários regulamentos impostos ao sector financeiro criam um conjunto diversificado de ambientes de conformidade. Estes regulamentos possuem características únicas e algumas leis individuais têm um impacto diferente nas organizações do sector financeiro. O Congresso aprovou a GLBA em 1999, reorganizando significativamente o sector financeiro. Embora este documento se concentre nas suas fortes disposições relativas à proteção da privacidade, é necessário ter em conta o seu contexto mais vasto enquanto legislação de desregulamentação. A GLBA permitiu que instituições, como o Bank of

America, se envolvessem em múltiplas áreas do sector financeiro, incluindo a banca, os títulos e os seguros (Saucer, 2009). As implicações da desregulamentação estão fora do âmbito deste documento, com os especialistas financeiros ainda a discutir o papel da GLBA na crise financeira no final da última década. No entanto, a mistura de vários serviços financeiros numa única organização complica certamente a cibersegurança, uma vez que exige que os profissionais de cibersegurança das grandes organizações financeiras compreendam e cumpram os regulamentos de todo o sector.

Embora a GLBA tenha desregulamentado o sector financeiro em determinados aspectos, introduziu, em contrapartida, uma forte regulamentação da privacidade, centrando-se fortemente na proteção das informações pessoais. Distingue-se de outras regulamentações ao exigir que as organizações façam a distinção entre "clientes" e "consumidores", sendo esta diferença um dos principais equívocos da GLBA. A FTC tenta clarificar esta distinção da seguinte forma. Os consumidores de uma instituição limitam-se a obter serviços financeiros, mas não estabelecem uma relação contínua. Por exemplo, uma pessoa que recorre a um banco para levantar um cheque ou utiliza um ATM não estabelece uma relação contínua, independentemente da frequência com que essa pessoa "consome" os serviços da instituição. Um subconjunto de consumidores, os clientes estabelecem uma relação contínua com uma instituição através de actividades como a abertura de contas, a obtenção de linhas de crédito e a utilização de serviços de preparação de impostos ou de consultoria de investimento (Federal Trade Commission, 2002).

A GLBA cria requisitos diferentes para salvaguardar a informação não pública dos indivíduos. Com uma proteção mais forte, os clientes devem receber notificações com a divulgação completa das políticas de partilha e divulgação de informações de uma instituição aquando do estabelecimento de uma relação, por exemplo, ao abrir uma conta corrente (Federal Trade Commission, 2002). As instituições devem também fornecer um aviso de exclusão, permitindo aos clientes impedir que a instituição partilhe as suas informações pessoais. Os consumidores só recebem uma notificação, que pode ser "resumida" ou completa, antes de uma instituição partilhar informações com um terceiro não afiliado.

A jurisprudência definiu ainda mais a aplicabilidade da GLBA, estabelecendo novos e diferentes ambientes de conformidade. A indústria automóvel está fortemente envolvida em operações financeiras, o que a coloca sob a alçada da GLBA. Quando a GLBA entrou em vigor no início da década de 2000, os concessionários de automóveis viram-se sujeitos a sanções estabelecidas ao abrigo da GLBA quando as suas práticas de segurança da informação se revelaram inadequadas, deixando sem segurança a informação não pública dos indivíduos (Harris, 2003). No entanto, uma decisão judicial de 2005 considerou que os advogados estavam isentos das disposições de privacidade da GLBA quando realizavam planeamento fiscal, planeamento imobiliário e falência pessoal. Estes exemplos servem de edificação para os profissionais de cibersegurança, realçando a necessidade exigente de pesquisar os requisitos de privacidade e a jurisprudência da GLBA, independentemente de uma organização não pertencer ao sector financeiro.

Enquanto a GBLA procurou salvaguardar a informação pessoal em consonância com a desregulamentação financeira, a SOX procurou reprimir a má conduta das empresas na sequência de escândalos no sector financeiro. A aplicabilidade destaca-se como uma diferença fundamental na SOX, que se aplica apenas a empresas cotadas na bolsa, independentemente de a legislação dos EUA as classificar como instituições financeiras. Outro aspeto importante da SOX é o clima criado pelo escândalo e a forma como este influenciou o Congresso a apressar-se a aprovar a legislação. O deputado Michael Oxley, homónimo do projeto de lei, admitiu, seis anos após a sua aprovação, que o teria redigido de forma diferente, mas "todos sentiram que Roma estava a arder" (Gingrich & Kralik, 2008). Embora este facto possa parecer pouco relevante para a cibersegurança, os profissionais da área da cibersegurança devem compreender que uma peça legislativa pouco rigorosa terá frequentemente consequências imprevistas mais significativas do que uma legislação sujeita a um maior escrutínio.

A SOX introduziu requisitos significativos de auditoria e monitorização para as organizações cotadas em bolsa. Exige que as organizações criem estruturas de controlo interno complexas para os relatórios financeiros e que os auditores avaliem a eficácia dessas estruturas (Hedley & Ben-Chorin, 2011). A Secção 404 da SOX tem a maior importância para os profissionais de cibersegurança. No entanto, embora a Secção 404 não identifique especificamente a segurança da informação, a realidade da dependência dos activos cibernéticos, tanto para as operações diárias como para a gestão da conformidade, resulta num exame minucioso dos controlos da segurança da informação. Além disso, a Secção 302 da SOX atribui aos CEO e aos CFO o ónus legal de certificar os relatórios financeiros. Isto significa que o escrutínio dos departamentos de TI virá diretamente da gestão de topo.

Uma diferença marcante no ambiente de conformidade com a SOX é a disparidade entre as grandes e as pequenas empresas no que respeita ao ónus da gestão da conformidade. Em 2002, muitos pequenos bancos lamentaram que os complexos requisitos impostos pela Secção 404 da SOX forçassem as vendas a empresas de maior dimensão que pudessem absorver os custos associados à conformidade (Davenport, 2004). A SOX também obrigou a mudanças nos comités de auditoria dos bancos comunitários, exigindo uma maior especialização em áreas fora do seu papel tradicional de integridade contabilística, como a conformidade legal e regulamentar (Naber, 2008). O testemunho perante o U.S. House Committee on Small Business, em 2007, de líderes como o presidente do America's Community Bankers (Scarborough, 2007) e o CEO do Pendleton Community Bank, sublinhou o encargo desproporcionado em termos de tempo, dinheiro e mão de obra que a SOX impôs aos bancos pequenos e comunitários.

Estas empresas viram finalmente um alívio em 2012 através de uma pequena disposição da Lei Jumpstart Our Business Startups (JOBS) que alterou os requisitos de registo, dando-lhes maior flexibilidade na forma como operam (Klitsch, 2012). Os bancos mais pequenos podem manter um maior número de investidores sem terem de abrir o capital, o que implica a apresentação de relatórios trimestrais e anuais que comprovem a conformidade com a lei SOX e custa 200 000 dólares por banco. Embora as empresas mais pequenas possam ter maior liberdade para operar, os profissionais de cibersegurança devem compreender que a SOX constitui um quadro regulamentar complexo e um ambiente de conformidade particularmente difícil de navegar.

A GLBA e a SOX criaram requisitos e considerações em matéria de cibersegurança por procuração. Nenhuma delas identificava especificamente a tecnologia da informação ou a segurança da informação, mas tornaram-se, no entanto, áreas principais de controlo pelas razões acima referidas. A legislação mais recente criou requisitos que identificam especificamente a comunicação de informações sobre cibersegurança. A lei Dodd-Frank sobre a reforma de Wall Street e a proteção dos consumidores de 2010 (Dodd-Frank) "impõe requisitos específicos em matéria de tecnologias da informação" (Yu, 2012). Como Fitzgerald observou no final de 2012, o sector financeiro continuou a trabalhar arduamente para tentar digerir as mais de 2 000 páginas que compõem a lei. Ele cita vários executivos do sector como estando a preparar-se para um "tsunami virtual" de regulamentos provenientes de organismos reguladores, como a Securities and Exchange Commission (SEC) (Fitzgerald, 2012). Este ambiente de conformidade já começou a tomar forma, com a SEC a publicar orientações sobre obrigações de divulgação no final de 2011. Estas orientações referem especificamente "riscos de cibersegurança e incidentes cibernéticos" (SEC, 2011).

A conformidade com a legislação anterior centrava-se no CEO e no CFO que criavam políticas e desenvolviam estruturas, enquanto a conformidade com Dodd-Frank parece centrar-se no CIO que prepara os departamentos de TI para uma investida regulamentar. Yu (2012) explica que os controlos de cibersegurança, como a segurança dos dados, a gestão das alterações e a integridade das aplicações, desempenharão um papel muito mais importante nas empresas que trabalham para a conformidade com a lei Dodd-Frank. Outra diferença significativa é o tratamento das empresas mais pequenas. Como mencionado anteriormente, os reguladores de Washington parecem ter finalmente proporcionado alívio aos bancos mais pequenos que se debatem com o peso da SOX. No entanto, apesar das garantias iniciais em contrário, a Dodd-Frank está a acrescentar requisitos regulamentares potencialmente esmagadores às empresas mais pequenas. O sector continua a debater-se com os impactos da GLBA e da SOX. A Dodd-Frank representa a última vaga no ambiente de conformidade do sector financeiro, que promete alterar drasticamente a sua topografia metafórica

1.6 BENEFÍCIOS DO AUMENTO DA CONFORMIDADE REQUISITOS

As recentes crises financeiras levaram vários países, nomeadamente os EUA, a tomar medidas de regulamentação no sector financeiro para evitar futuros desastres económicos. As instituições financeiras desempenham um papel importante na economia global e a sua saúde pode determinar a melhoria ou o declínio dos países. As instituições financeiras são utilizadas de muitas formas para ajudar as empresas e os cidadãos a operarem de forma justa e legal. No entanto, nem todas as empresas ou cidadãos utilizam as instituições financeiras para os fins a que se destinam. Alguns utilizam as instituições financeiras para financiar o terrorismo, efetuar trocas de dinheiro ilegais e realizar outras actividades ilegais que põem em perigo os mercados globais e a vida das pessoas. Uma cibersegurança adequada ajuda a proteger contra estas e outras actividades ilícitas.

O objetivo de um regulamento de conformidade é garantir um tratamento justo e equitativo para todos os clientes de uma instituição financeira e evitar que as instituições financeiras sejam utilizadas para fins ilegais. Em 1970, o Congresso aprovou a Lei do Sigilo Bancário numa tentativa de impedir que as pessoas utilizassem os bancos para lavagem de dinheiro. Esta lei obrigava os bancos a comunicar ao Internal Revenue Service qualquer transação de dinheiro superior a $10.000. Embora a Lei do Sigilo Bancário tenha ajudado a monitorizar a movimentação de activos por parte de um indivíduo, fez muito pouco para monitorizar os bancos e outros intervenientes da indústria financeira. A aplicação das leis que regulavam o sector financeiro era muito reduzida. Embora o sector financeiro dispusesse de algumas regulamentações que o regiam, não se esforçava muito por fazer cumprir as leis. O sector financeiro foi praticamente deixado a regular-se a si próprio, com muito poucos controlos e equilíbrios. A falta de controlos e equilíbrios permitiu que os gestores de topo de algumas instituições financeiras se envolvessem em actividades fraudulentas que quase levaram ao colapso da economia americana no século XXI.

Talvez a resposta mais rápida à crise financeira tenha sido a Lei Sarbanes-Oxley de 2002 (SOX). Embora a SOX esteja organizada em onze títulos, as secções mais importantes no que diz respeito à conformidade são os títulos 302, 401, 404, 409, 802 e 906. A maioria das secções de conformidade está dividida em áreas que responsabilizam a gestão, os executivos e os membros do conselho de administração pela elaboração de relatórios e pela garantia da exatidão dos relatórios financeiros das organizações. A secção 302 da lei diz respeito à responsabilidade das empresas pelos relatórios financeiros. Esta secção descreve as orientações e as pessoas que devem assinar o relatório financeiro da empresa. A secção também responsabiliza os responsáveis pela assinatura por quaisquer informações inexactas que possam aparecer no relatório financeiro. Além disso, a secção também exige que a organização assegure a exatidão da informação financeira no relatório para refletir a saúde e a condição da organização. Além disso, a secção também explica que nenhum processo interno de qualquer organização pode ser utilizado como uma função de substituição para esta secção. Obriga as organizações a utilizar e a seguir rigorosamente esta lei sem quaisquer alternativas. Embora esta possa ser uma boa forma de atribuir responsabilidade e responsabilização aos envolvidos na produção de um relatório financeiro empresarial, não tem em consideração o custo para a organização e também as dificuldades em assegurar a exatidão dos dados utilizados para o relatório numa grande empresa. Algumas empresas têm um sistema financeiro complexo que envolve diferentes pessoas a diferentes níveis e a introdução de informações incorrectas pode não ser facilmente identificada até à origem do problema. A secção 802 da lei impõe sanções que podem ir até 20 anos de prisão por alterar, destruir, mutilar, ocultar, falsificar registos, documentos ou objectos tangíveis com a intenção de obstruir ou contaminar uma investigação. Talvez esta proposta de punição obrigue as organizações a serem verdadeiras e exactas.

Embora a implementação e a execução da SOX possam, à primeira vista, parecer simples, não fornecem directrizes rigorosas para alcançar a conformidade. A lei limita-se a fornecer requisitos organizacionais e penalizações por incumprimento, mas deixa os pormenores para os organismos de supervisão e as organizações afectadas. A SOX também ignora a natureza global das operações financeiras e a possibilidade de ter de cumprir as leis de outras nações. A maioria das leis regulamentares rege apenas um país e é válida apenas dentro desse país. Com a ocorrência de violações maciças de dados e a falta de leis internacionais em todo o mundo, os requisitos de conformidade fazem com que os institutos financeiros tenham de cumprir diferentes regulamentos em diferentes países. Esta situação é muito confusa e dispendiosa para a maioria das organizações que, por conseguinte, recorrem a organizações especializadas em conformidade. No entanto, as organizações que recorrem a um fornecedor continuam a ser responsáveis por qualquer infração.

Os regulamentos podem ter impactos positivos quando obrigam as organizações a cumprir normas de segurança reconhecidas. No entanto, as entidades reguladoras devem considerar os impactos de uma legislação abrangente nas diversas organizações que operam no sector financeiro. Os reguladores devem considerar o custo em que as organizações incorrem porque as empresas muitas vezes transferem esses custos para os consumidores. Os regulamentos contêm frequentemente uma linguagem complicada, exigindo a análise e interpretação por parte das equipas jurídicas. No entanto, os advogados não têm a responsabilidade de garantir a conformidade regulamentar. Os regulamentos nem sempre são convenientes para as organizações porque atrasam o desempenho e acrescentam uma hierarquia de processos aos procedimentos organizacionais já estabelecidos. Conseguir a conformidade revela-se muitas vezes um desafio difícil, porque muitas organizações não dispõem dos recursos necessários para compreender e, por conseguinte, cumprir na íntegra os complexos quadros regulamentares.

2 Capítulo 2: Cibersegurança no desenvolvimento do sector financeiro

Os serviços financeiros digitais (SFD) são muito promissores como meio de permitir a inclusão financeira e, assim, ajudar a melhorar a vida das pessoas. No entanto, a cibercriminalidade tornou-se uma preocupação fundamental nos mercados financeiros dos países em desenvolvimento e emergentes e ameaça impedir os progressos globais na construção de sectores financeiros mais inclusivos. Nos últimos anos, os mercados financeiros da África Subsariana, da região do Leste Asiático e do Pacífico, da América Latina e do Sul da Ásia foram afectados por um rápido aumento do número de incidentes cibernéticos e de violações de dados - e são particularmente afectados os mercados com maiores volumes de transacções de serviços financeiros digitais.[1] Embora os mercados asiáticos estejam a registar as taxas de utilização mais elevadas de aplicações de banca móvel e de pagamentos digitais, estão também a registar o maior volume de ciberataques a instituições financeiras. Em 2016, as instituições financeiras do Bangladesh, Indonésia, Japão, Filipinas, Taiwan e Vietname foram alvo de uma série de ataques. Na África Subsariana e na América Latina, a cibercriminalidade também está a aumentar, com as comunidades de cibercriminosos nestas duas regiões a crescerem mais rapidamente do que em qualquer outro lugar. Uma explicação para estas tendências pode ser o facto de as transacções DFS serem frequentemente realizadas utilizando dispositivos inseguros e através de linhas de transmissão que não foram concebidas para proteger a segurança das transacções financeiras, o que deixa os sistemas e os fornecedores DFS mais vulneráveis. Além disso, com as economias desenvolvidas a reforçarem as suas defesas contra os ciberataques, os cibercriminosos parecem estar a desviar a sua atenção para alvos mais fáceis nos mercados emergentes de DFS e a explorar as suas vulnerabilidades.[2]

---

[1] Instituto SWIFT, *Documento de Trabalho n.º 2016-004: Forces Shaping the Cyberthreat Landscape for Financial Institutions*, 2017; Symantec e a Comissão da União Africana, *Cyber Crime & Cyber Security: Trends in Africa*, novembro de 2016; IBM, *IBM X-Force Threat Intelligence Index 2018*; e Serianu, *Africa Cyber Security Report 2017. Desmistificando o limiar de pobreza da cibersegurança em África, Digital4Africa*, 2017.

[2] Instituto SWIFT, *Documento de Trabalho n.º 2016-004: Forces Shaping the Cyberthreat Landscape for Financial Institutions*, 2017. 3 Os danos psicológicos podem envolver sentimentos de medo, vergonha e baixa auto-confiança. *Para aqueles que foram vítimas de uma burla, esses sentimentos podem também dever-se aos danos à reputação, à intimidação e ao ridículo que daí podem resultar. 4 McKee, K. et al., Focus Note: Doing Digital Finance Right, CGAP*, 2015.

Ser vítima de uma fraude ou de erros de acesso ao sistema pode resultar em danos financeiros e psicológicos[3] e afectará certamente a confiança do cliente no serviço financeiro. Uma causa significativa da insatisfação dos clientes com os serviços dos fornecedores de DFS são as interrupções não planeadas do sistema. A investigação sobre as atitudes e os comportamentos dos utilizadores de dinheiro móvel de baixos rendimentos mostra que a impossibilidade de efetuar transacções devido a falhas na rede ou no serviço foi considerada um dos maiores aborrecimentos e resultou em comportamentos irresponsáveis que colocam os utilizadores em risco de serem defraudados.[4] As experiências negativas provaram dissuadir os consumidores da DFS de utilizarem os serviços de dinheiro móvel com mais frequência e diminuíram significativamente o nível de confiança nos fornecedores e no sistema financeiro em geral.[3] As pessoas pobres são particularmente vulneráveis à fraude e aos erros de acesso ao sistema que podem resultar de um incidente cibernético. Frequentemente, estão menos conscientes e instruídos sobre os ataques de engenharia social,[4] são mais susceptíveis de utilizar dispositivos e canais que não foram concebidos para oferecer a segurança necessária a uma transação financeira (por exemplo, a tecnologia USSD[5]) e, mais importante ainda, são os que menos se podem dar ao luxo de perder dinheiro. Outro problema é que, nos países em desenvolvimento, os clientes são muitas vezes responsáveis pelas perdas associadas a um incidente cibernético, ou têm o ónus de provar que foram as vítimas. Em 2016, a União Internacional das Telecomunicações (UIT) e o CGAP realizaram um inquérito a 5.220 utilizadores de dinheiro móvel do Gana, das Filipinas e da Tanzânia. Os SMS fraudulentos ou fraudulentos foram recebidos por 83% dos inquiridos filipinos, 56% dos inquiridos ganeses e 27% dos inquiridos tanzanianos. Tanto nas Filipinas como na Tanzânia, 17% dos utilizadores de dinheiro móvel entrevistados afirmaram ter perdido dinheiro devido a uma fraude ou burla, enquanto 12% dos inquiridos do Gana fizeram a mesma admissão.[6] Uma vez que a confiança

---

[3] Ibid.
[4] Ver Caixa 1 para uma descrição dos ataques de engenharia social.
[5] Os dados de serviços suplementares não estruturados (USSD) são atualmente a tecnologia de comunicação mais simples disponível para fornecer serviços financeiros móveis a clientes com baixos rendimentos. Para utilizar o USSD, um cliente marca simplesmente um número que começa com um asterisco (*) e termina com uma hashtag (#). Para uma visão geral útil do USSD, ver Hanouch, M., *What is USSD & Why Does it Matter for Mobile Financial Services?*, CGAP, 2015.
[6] UIT, *Grupo de Discussão da UIT-T sobre Serviços Financeiros Digitais: Commonly identified Consumer Protection themes for Digital Financial Services*, UIT, 2016.

nos prestadores de serviços financeiros (FSP) e nos sistemas de pagamento são ingredientes fundamentais para uma inclusão financeira sustentada, os incidentes cibernéticos e as perdas que lhes estão associadas podem dificultar os esforços de expansão do acesso aos serviços financeiros. Além disso, este tipo de incidentes e as experiências negativas dos clientes podem espalhar-se rapidamente de boca em boca e podem acabar por ser divulgados nos meios de comunicação social. Na sequência de tais danos, é necessário muito tempo e esforço para reconstruir a reputação e a confiança das pessoas.

> **Caixa 1. Compreender os sintomas e as causas da cibercriminalidade**
>
> Uma fraude cibernética ou na Internet dirigida aos consumidores pode incluir SMS, mensagens de correio eletrónico ou chamadas telefónicas que solicitem a estes clientes o envio de dinheiro ou a partilha de informações pessoais sensíveis (por exemplo, o seu número de identificação pessoal ou PIN), que podem depois ser utilizadas para a aquisição de contas ou roubo de identidade, ou podem aparecer sob a forma de transacções não autorizadas efectuadas a partir das suas contas. Um incidente cibernético pode também resultar em paragens do sistema, impossibilitando os clientes de acederem aos seus fundos.
>
> Na maioria dos casos, os autores de fraudes exploram vulnerabilidades no sistema DFS (que inclui os prestadores de serviços DFS, os sistemas de pagamento e liquidação, as redes de pontos de venda, as entidades reguladoras e os clientes) para aceder, divulgar ou utilizar informações críticas que podem ser facilmente rentabilizadas. As ameaças mais comuns relacionadas com a cibercriminalidade incluem violações de dados,[7] roubo de identidade de clientes ,[8] transferências de dinheiro fraudulentas e tempo de inatividade não planeado do sistema.
>
> Entrevistas com fornecedores de toda a África identificaram quatro tipos

---

[7] As violações são incidentes que resultam na divulgação efectiva (e não apenas na exposição potencial) de dados a uma parte não autorizada. Os atacantes procuram frequentemente obter informações de identificação pessoal (PII) que possam utilizar ou vender no mercado negro para efeitos de fraude de identidade.

[8] Um tipo comum de usurpação de identidade no contexto do DFS são as trocas de SIM. Para tal, o Mobile Station International Subscriber Directory Number (MSISDN) de um assinante é transferido do seu cartão SIM atual para um cartão SIM diferente sem o conhecimento ou o consentimento do assinante. Desta forma, o atacante adquire fraudulentamente o controlo total do número de telemóvel do cliente, o que permite o acesso a PINs temporários ou códigos de segurança enviados por SMS para verificação do cliente.

de ciberataques que afectam frequentemente a DFS: [9]

1. Num **ataque de engenharia social,** um fraudador manipula um cliente ou um funcionário de um fornecedor, levando-o a partilhar informações confidenciais ou a fornecer acesso a sistemas e bases de dados internos. Os fraudadores telefonam, enviam mensagens de texto (SMS) ou enviam e-mails aos seus alvos (um processo também conhecido como phishing) para aceder a informações de identificação pessoal, como números de cartões de crédito, PINs e credenciais de início de sessão de contas. Estas informações podem então ser utilizadas para roubar a identidade do alvo, assumir o controlo das suas contas e aceder aos fundos dos clientes.

2. **Os insiders** com intenção de causar danos são a preocupação mais comum e maior dos prestadores de DFS.

3. **Malware, ransomware e ataques de negação de serviço[10]** impedem que o pessoal do fornecedor, os clientes e/ou os sistemas de terceiros acedam a uma plataforma DFS e aos seus serviços. Podem também ser utilizados para iniciar e camuflar uma violação de dados. Num ataque de ransomware, os criminosos exigem o pagamento de um resgate para recuperar o acesso a dispositivos ou dados encriptados.

4. **Fraudes:** As fraudes DFS mais comuns são as fraudes de adiantamento de taxas e os pedidos de estorno de transferências. Numa burla de adiantamento, um cliente é enganado para enviar fundos para participar numa lotaria falsa ou para receber uma recompensa ou um presente falso. Num pedido de estorno, um cliente é solicitado a reembolsar um depósito aparentemente incorreto que foi transferido para a sua conta.

Com base neste entendimento, a cibersegurança e a segurança dos dados devem visar dois objectivos:

1. **Proteger os dados**, especialmente os dados sensíveis e as informações

---

[9] Em 2017, o CGAP entrevistou 11 fornecedores de DFs do Gana, Quénia, Tanzânia, Uganda e Zâmbia para compreender melhor as suas perceções e as suas práticas para mitigar as ameaças cibernéticas. Ver Baur-Yazbeck, S., 4 Cyber Attacks that Threaten Financial Inclusion, CGAP, 2018; e Nduati, H., Cyber Security in Emerging Financial Markets, CGAP, 2018.

[10] Um ataque de negação de serviço (DOS) funciona normalmente através da sobrecarga ou inundação de um servidor ou sistema alvo com múltiplos pedidos até que o tráfego normal não possa ser processado, resultando na negação de serviço a outros utilizadores. Enquanto um ataque DOS é lançado a partir de um único computador, um ataque DOS distribuído (DDOS) é lançado a partir de muitas fontes distribuídas. 13 As informações de identificação pessoal (PII) podem incluir números de cartões de crédito, PINs de clientes e credenciais de início de sessão.

2. **Proteger os sistemas financeiros** contra ataques de cibercriminosos, que podem resultar em tempo de inatividade do sistema e em processos reduzidos, ineficientes ou erróneos.

Os governos dos mercados emergentes começaram a implementar estratégias de cibersegurança com o objetivo de estabelecer normas para a gestão dos riscos e de clarificar as responsabilidades. No entanto, a gestão e a monitorização da cibersegurança exigem novas competências e recursos que, muitas vezes, não estão disponíveis nos países em desenvolvimento devido à falta de: pessoal com formação e experiência suficientes; centros de formação; fornecedores de avaliações cibernéticas e análises de penetração; e recursos financeiros. A investigação mostra que as entidades reguladoras e os prestadores de serviços do sector financeiro têm cada vez mais dificuldade em acompanhar os cibercriminosos e dispõem frequentemente de recursos e conhecimentos internos limitados. Embora existam ou estejam a surgir serviços de apoio à cibersegurança em algumas regiões, estes raramente incluem a prestação de aconselhamento e serviços especializados e acessíveis, necessários ao sector financeiro (digital) que serve populações com baixos rendimentos.

Os organismos internacionais de convocação e de normalização, como o G7, os Ministros das Finanças e os Governadores dos Bancos Centrais do G20 e o Comité de Pagamentos e Infra-estruturas de Mercado (CPMI) do Banco de Pagamentos Internacionais (BIS), reconheceram o risco da cibercriminalidade no sector financeiro e a necessidade de uma resposta global ao mesmo.[11] Numa nota de orientação conjunta de 2016,[12] , o BIS e o Conselho da Organização Internacional das Comissões de Valores Mobiliários (IOSCO) sublinharam a necessidade de os sistemas dos mercados financeiros, bem como os seus participantes e outros intervenientes ligados, reforçarem a sua ciber-resiliência. Em resultado

---

[11] Em 2015, o G7 criou o Grupo de Peritos Cibernéticos com o objetivo de identificar os riscos cibernéticos para o sector financeiro e desenvolver recomendações para áreas de ação.
[12] BIS e IOSCO, *Guidance on cyber resilience for financial market infra-estruturas,* BIS e IOSCO, 2016. [16] IOSCO, *Relatório Anual de 2017,* IOSCO, 2017. [17] Serianu 2017 (ver referência completa acima).

desta atenção acrescida, o risco cibernético é agora amplamente reconhecido como "uma ameaça crescente e significativa à integridade, eficiência e solidez dos mercados financeiros em todo o mundo".[16]

2.1 O estado atual da cibersegurança nos mercados financeiros dos países em desenvolvimento

Os FSPs e os seus clientes, bem como os reguladores e supervisores do sector financeiro, enfrentam desafios no ajustamento dos seus comportamentos, processos e políticas para abordar adequadamente o risco crescente de cibercrime e falhas tecnológicas. Para melhor compreender a prevalência e as causas destes desafios, em 2018 o CGAP realizou um inquérito aos FSP, fornecedores de DFS, operadores de sistemas financeiros, decisores políticos e especialistas em segurança de dados da África Subsariana. A pesquisa mostrou que os decisores políticos estão cientes da questão. Estão a trabalhar para desenvolver quadros regulamentares e reforçar as suas próprias capacidades internas, de modo a poderem não só orientar e supervisionar eficazmente o sector, mas também proteger os seus próprios dados e sistemas. Os FSP tendem a tornar-se mais sensíveis ao risco de cibercrime apenas depois de terem sido eles próprios visados. Os FSP mais pequenos tendem a não dar prioridade aos riscos cibernéticos em relação a outros riscos, uma vez que a probabilidade de um ataque ainda é considerada pequena. Em termos gerais, os operadores de dinheiro móvel estão mais preparados e melhor equipados para lidar com os riscos cibernéticos, especialmente os operadores que são geridos por operadores de redes móveis internacionais (ORM), que já aderem às normas de segurança internacionais estabelecidas pelo sector das telecomunicações.

A boa notícia é que existe um interesse crescente entre os fornecedores e os decisores políticos em mitigar a exposição do sector aos riscos cibernéticos. No entanto, estes grupos não têm acesso a serviços de apoio especializados e económicos em matéria de cibersegurança e têm dificuldade em obter informações sobre ciberameaças e boas práticas que sejam oportunas e acessíveis a pessoas sem um diploma de TI. A falta de recursos em matéria de cibersegurança também se manifesta nos mercados de trabalho locais, onde os profissionais especializados e experientes em TI e segurança de dados são muito procurados e a sua contratação é dispendiosa. O défice mundial de talentos neste domínio é ainda mais acentuado nos países em desenvolvimento, especialmente em África.[17] Os representantes dos sectores público e privado acolheriam favoravelmente um maior diálogo e colaboração entre os sectores público e privado para fazer face aos riscos de cibersegurança de forma eficaz e abrangente, por exemplo, através de esforços conjuntos em matéria de educação dos consumidores.

2.2 O sector está mal preparado

O sector dos serviços financeiros, tanto nas economias desenvolvidas como nas economias em desenvolvimento e emergentes, reconheceu os riscos crescentes da cibercriminalidade. Nos últimos anos, o sector desenvolveu normas e orientações para os prestadores de serviços financeiros, a fim de os ajudar a proteger melhor as suas redes e os seus clientes. A introdução da autenticação multifactor e dos cartões com chip reduziu significativamente o roubo de credenciais dos consumidores, e novas ferramentas como a aprendizagem automática e a inteligência artificial estão a melhorar os processos de deteção e resolução de fraudes do sector. Cada vez mais FSPs estão a investir em ciberdefesas e resiliência. Embora as ciberdefesas e as boas práticas em linha estejam a ser adoptadas nos países desenvolvidos e pelos grandes FSP multinacionais, os FSP de média e pequena dimensão, em especial os que operam nos países em desenvolvimento, continuam a não estar suficientemente preparados. Uma análise de mais de 700 organizações de toda a África concluiu que o sector bancário perdeu 1,05 biliões de dólares em resultado de ciberataques em 2017. A análise indicou que 75% das organizações não utilizavam técnicas de teste de segurança, 60% das organizações não se mantinham actualizadas em relação às tendências e ataques de cibersegurança e 75% das vulnerabilidades identificadas nas organizações envolviam a falta de patches e actualizações de pacotes de software. De facto, a revisão afirma que "as organizações cooperativas de poupança e crédito, as cooperativas financeiras e as instituições de microfinanciamento de África são as mais vulneráveis devido às fracas salvaguardas e protecções do sistema".[13]

Caixa 2. Exposição ao risco cibernético do mercado DFS do Gana

Em 2016, as elevadas taxas de fraude com cartões de crédito, phishing e ataques de ransomware colocaram o Gana entre os dez países africanos mais afectados por ataques de fraude e cibercrime.[14] Os estudos estimam que o Gana perdeu um total de 50 milhões de dólares com a cibercriminalidade em 2016.[15] O sector mais afetado foi o bancário. Das tentativas de fraude que afectaram o sector bancário do Gana em 2017, os casos de fraude relacionados com a cibercriminalidade tiveram o valor global mais elevado (25,8 milhões de USD), tendo cerca de um por cento destes casos resultado numa perda efectiva.[16] Nos últimos anos, assistiu-se a um aumento dos incidentes cibernéticos no sector bancário, envolvendo o acesso não autorizado aos sistemas bancários dos FSP por entidades externas, fraudes por correio eletrónico e crimes perpetrados através de serviços bancários pela Internet e outras plataformas de pagamento e de serviços bancários móveis localizadas.[17]

Em 2018, a Deutsche Gesellschaft für Internationale Zusammenarbeit (GIZ) GmbH e o CGAP fizeram uma parceria com o Banco do Gana para realizar um diagnóstico da proteção dos consumidores no mercado DFS do Gana. A investigação revelou que 14% dos 101 entrevistados tinham sido vítimas de uma burla, incluindo pedidos de estorno (50%) e chamadas telefónicas e SMS fraudulentas (29%). As pessoas com rendimentos mais baixos eram mais susceptíveis de terem sido vítimas de uma burla (19%). Dois terços das vítimas (64%) não tomaram qualquer medida após a ocorrência da fraude; apenas 14% comunicaram o facto ao centro de apoio ao cliente do prestador e 7% a um agente. Dos indivíduos que comunicaram a fraude ao prestador, 57% indicaram que não foram tomadas quaisquer medidas. Nos outros casos, os prestadores de serviços explicaram o que tinha acontecido e a responsabilidade limitada do prestador de serviços (ou seja, que não o indemnizariam). Alguns ofereceram orientações sobre como se protegerem para não serem

---

[13] Idem.
[14] Symantec e Comissão da União Africana 2016 (ver referência completa acima).
[15] Serianu 2016 (ver referência completa acima).
[16] Banco do Gana, *State of Banking Sector Fraud*, 2017.
[17] Arku, J., *Ghana loses Gh03O.1 million to bank fraud*, Graphic Online, 6 de setembro de 2018.

vítimas de uma burla.

A análise de 2018 revelou que é mais provável que os clientes sejam informados sobre fraudes e burlas DFS pela família e amigos do que pelos seus prestadores de serviços DFS. De um modo geral, os clientes mostram pouca confiança em que os seus prestadores os ajudem a resolver incidentes de fraude, incluindo o cibercrime. A maioria dos prestadores implementou controlos básicos e sistemas de gestão da fraude que previnem e ajudam a detetar a ciberfraude. Todas as actividades fraudulentas reais e suspeitas que identificam são comunicadas mensalmente ao Banco do Gana. No entanto, uma análise das políticas e processos internos dos prestadores de DFS concluiu que apenas alguns destes prestadores tinham documentado a forma como os casos de fraude deveriam ser investigados e em que casos os clientes seriam reembolsados (por exemplo, quando se descobre que a fraude foi perpetrada pelo pessoal ou é o resultado de processos inadequados de segurança da informação). O estudo também detectou lacunas nas políticas e procedimentos dos prestadores para controlar o acesso dos empregados aos dados e contas dos clientes através de controlos de acesso e da separação de funções.

Outro estudo salienta o aumento dos ataques aos sistemas bancários móveis. Em África, a cibercriminalidade nas transacções móveis em 2017 custou ao sector 140 milhões de USD, o que inclui perdas resultantes de trocas de SIM,[18] engenharia social[19] e fraude interna (ver também Caixa 2).[20] As vulnerabilidades estão presentes tanto do lado do prestador como do lado do utilizador. Os utilizadores de dinheiro móvel são frequentemente vítimas de ataques de engenharia social devido a um conhecimento insuficiente e a níveis mais elevados de credulidade. Além disso, muitas aplicações de dinheiro móvel não dispõem de controlos de segurança básicos, como a encriptação de dados, o que facilita a interceção de transacções ou a escuta por parte de criminosos (ver também a Caixa 3). O CGAP identificou que a informação financeira de um consumidor pode ser interceptada em muitas fases de uma transação de dinheiro móvel, o que significa que existem pelo menos cinco tipos

---

[18] Ver nota de rodapé 4 para uma descrição dos swaps SIM.
[19] Ver Caixa 1 para uma descrição dos ataques de engenharia social.
[20] Idem.

possíveis de ataque:[21] (i) escutas por hackers externos; (ii) escutas através de estações de base de rede falsas; (iii) exploração da tecnologia de roaming;[22] (iv) escutas internas; e (v) outras ameaças de malfeitores que operam dentro das ORM e dos fornecedores de DFS.

Outros sistemas DFS também apresentam vulnerabilidades. Os dispositivos de ponto de venda (POS), por exemplo, que permitem pagamentos digitais e outros tipos de transacções, foram comprometidos por malware.[23] Devido à natureza descentralizada dos sistemas de POS, que estão localizados em vários pontos de venda individuais, os ataques são difíceis de detetar e remediar. Nos países em desenvolvimento, em particular, os dispositivos e sistemas de POS não são suficientemente controlados e protegidos.

Caixa 3. Malware móvel

A fraude bancária móvel está a aumentar e, com os clientes a utilizarem cada vez mais aplicações bancárias móveis e sistemas de pagamento móveis, em breve se tornará mais prevalecente do que a fraude tradicional com cartões de crédito e os ataques a POS.[24] Entre 2016 e 2018, o número de ataques de malware móvel quase triplicou. Em 2018, pelo menos 9,9 mil milhões de utilizadores foram afectados por malware móvel e, cada vez mais, por malware bancário móvel.[25] O malware móvel é mais prevalente no mundo em desenvolvimento: os dez principais países por percentagem de utilizadores atacados por malware móvel são principalmente países com rendimentos baixos e médios-baixos, incluindo o Bangladesh, a Nigéria, a Índia, a Indonésia, o Paquistão, a Tanzânia, o Quénia e as Filipinas.[26] A percentagem de dispositivos móveis que foram infectados com malware é consistentemente mais elevada nos países em desenvolvimento.[27] Embora a Rússia e a maioria dos países da Ásia Central tenham os números mais elevados de infecções por malware móvel, são os mercados do Sul e do Leste Asiático que registam o crescimento mais

---

[21] Makin, P., *Cybersecurity for Mobile Financial Services: A Growing Problem*, CGAP, 2018.
[22] Quando os clientes utilizam os serviços de roaming, ligam-se à sua rede doméstica através da rede de outro operador móvel. Explorando as ligações entre MNOs que facilitam o roaming, um atacante externo pode fazer-se passar por um MNO ou por um fornecedor de DFS, enviando e interceptando mensagens de texto, enviando sessões USSD aos clientes ou ouvindo chamadas de voz.
[23] IBM 2018 (ver referência completa acima).
[24] McAfee, *Relatório do McAfee Labs sobre ameaças: abril de 2017*, 2017.
[25] Chebyshev, V., *Mobile malware evolution 2018*, Kaspersky Labs, 2019.
[26] Ibid.
[27] McAfee, *Relatório do McAfee Labs sobre ameaças: agosto de 2018*, 2018.

rápido do malware bancário móvel.[28] A tendência também se aplica às aplicações bancárias móveis. Uma análise exaustiva de 46 aplicações de dinheiro móvel Android de 28 países em desenvolvimento revelou vulnerabilidades generalizadas que permitiriam a um atacante fazer-se passar por utilizadores legítimos, modificar transacções e roubar registos financeiros.[29] A maioria destas aplicações não oferecia as protecções necessárias para as transacções financeiras.

As instituições financeiras de pequena e média dimensão, em especial as dos mercados emergentes, podem servir de pontos de entrada fáceis para os criminosos acederem ao sistema financeiro mundial. Em vários casos, os criminosos exploraram as ligações entre as instituições financeiras, invadindo pequenos bancos para roubar os grandes ou tirando partido de instituições menos equipadas e protegidas nos mercados em desenvolvimento para entrar nos sistemas bancários mundiais. Por conseguinte, são necessários quadros que não se limitem às instituições individuais e adoptem uma abordagem ecossistémica da avaliação e gestão dos riscos. Até à data, existem muito poucas orientações disponíveis para avaliar as vulnerabilidades, os riscos e as ameaças em todo o ecossistema dos serviços financeiros (digitais). Essas avaliações poderiam ajudar tanto o sector como os decisores políticos a investir os seus recursos e capacidades limitados onde os riscos são mais elevados e a concentrar o apoio nos elos mais fracos que representam uma ameaça para a estabilidade e a solidez do ecossistema global dos serviços financeiros.

2.3 As limitações de capacidade dos decisores políticos inibem a compreensão e a regulamentação e supervisão eficazes da cibersegurança

Os cibercriminosos não visam apenas os consumidores e os fornecedores; os bancos centrais e as agências do sector financeiro também podem ser alvo de ataques. Os reguladores e supervisores recolhem e tratam informações confidenciais e sensíveis sobre o sector que podem ser de interesse para os criminosos ou podem ser um ativo suficiente para os

[28] Ibid.
[29] Reaves et al., *Mo(bile) Money, Mo(bile) Problems: Analysis of Branchless Banking Applications, ACM Transactions on Privacy and Security (TOPS)*, DOI, 2017.

criminosos os manterem reféns. Um exemplo é o banco central do Bangladesh, que foi vítima de um assalto informático em 2016 (ver Caixa 4).

Além disso, as autoridades reguladoras e de supervisão estão a tomar consciência da necessidade de desenvolver quadros regulamentares, orientações para o sector e processos de supervisão para garantir que o sector financeiro está a implementar os processos e sistemas necessários para prevenir, detetar e gerir eficazmente os ciberataques.

Caixa 4. O assalto informático ao Banco do Bangladesh[30]

Em 2016, os piratas informáticos obtiveram as credenciais de um funcionário do Banco do Bangladesh, o banco central do país, e instalaram seis tipos de malware no seu sistema informático. Depois de terem realizado uma série de testes, entrando várias vezes no sistema do banco, instalaram software de monitorização adicional e apagaram ficheiros das bases de dados. Os piratas informáticos utilizaram então o acesso que tinham obtido ao sistema SWIFT para enviar pedidos de pagamento para a conta do Banco do Bangladesh no Banco da Reserva Federal de Nova Iorque (NY Fed). Como estes pedidos de pagamento do Banco do Bangladesh eram invulgares - os nomes dos bancos correspondentes estavam ausentes em todas as mensagens - as transferências não foram executadas automaticamente. Além disso, os montantes eram invulgarmente elevados e a maioria dos pagamentos era efectuada para contas individuais e não para instituições. Depois de as primeiras 35 mensagens terem sido rejeitadas devido a formatação incorrecta, os piratas informáticos limitaram-se a corrigir a formatação e a reenviá-las. Desta vez, foram executados cinco pedidos de pagamento no valor total de 81 milhões de dólares, tendo os fundos sido depositados em contas nas Filipinas. O dinheiro foi então transferido para contas no Rizal Commercial Banking Corporation, sediado em Manila, e depois desapareceu no sistema de casinos das Filipinas, que está isento dos regulamentos de combate ao branqueamento de capitais do país.[31]

---

[30] Esta descrição de um acontecimento amplamente divulgado baseia-se essencialmente em artigos de imprensa e não em fontes oficiais. Por conseguinte, contém informações que não foram corroboradas. A nossa intenção aqui é apenas descrever como pode acontecer um ciberataque a uma instituição financeira.
[31] Gopalakrishnan, R. e Mogato, M., *Bangladesh Bank's official's computer was hacked to carry out $81 million heist*, Reuters, 19 de maio de 2016.

A pirataria foi bem sucedida porque os criminosos conseguiram apagar as transcrições fraudulentas dos registos do Banco do Bangladesh. Também sabotaram as comunicações entre o Banco do Bangladesh e a Fed de Nova Iorque, pelo que as perguntas e avisos desta última não chegaram ao Banco. A maioria dos bancos toma precauções especiais para os computadores com acesso ao SWIFT. Criam várias firewalls[32] para isolar o sistema das outras redes bancárias e colocam as máquinas numa sala separada e fechada à chave. O investimento do Banco do Bangladesh em defesas cibernéticas foi inferior ao de outros bancos centrais. De acordo com as notícias, utilizavam routers pouco sofisticados e não tinham firewalls. Além disso, o sistema de monitorização de transacções da Fed de Nova Iorque não foi capaz de detetar as anomalias em tempo real, uma vez que analisa os pagamentos apenas depois de estes serem efectuados.[33]

Os piratas informáticos que tentaram roubar quase 2 milhões de dólares do City Union Bank da Índia em 2018 utilizaram tácticas semelhantes às utilizadas no caso não resolvido do ciberassalto ao Bangladesh Bank.[34] Outros bancos no Equador, na Rússia e no Vietname

Os nomes também foram vítimas de ataques semelhantes, com as fraquezas de cada banco a serem novamente exploradas para efetuar transferências SWIFT e roubar milhões. A SWIFT afirma que o seu sistema não foi comprometido nestas ocasiões. No entanto, como os peritos em segurança financeira salientam que o sistema SWIFT só é tão seguro quanto o seu elo mais fraco, a SWIFT exige agora que os seus utilizadores apresentem regularmente relatórios sobre as respectivas infra-estruturas de segurança.[40]

As entidades reguladoras, cujo objetivo é garantir a estabilidade do sector financeiro, estão a ser chamadas a desenvolver quadros regulamentares adequados para responder aos desafios que as instituições financeiras e os seus clientes enfrentam e para reforçar a ciber-resiliência. Atualmente, os organismos responsáveis pela aplicação da lei nos países em

---

[32] Uma firewall é um sistema de segurança de rede que monitoriza e controla o tráfego de entrada e saída da rede com base em regras de segurança pré-determinadas. Normalmente, uma firewall estabelece uma barreira entre uma rede interna fiável e uma rede externa não fiável, como a Internet.

[33] Das, K.N. e Spicer, J., *How the New York Fed fumbled over the Bangladesh Bank cyber-heist*, Reuters, 21 de julho de 2016.

[34] Varadhan, S., *India bank hack 'similar' to $81 million Bangladesh central bank heist*, Reuters, 19 de fevereiro de 2018.

[40] Paulus, S., *Hacker greifen erneut Zahlungsverkehrsystem von Swift an*, DerTreasurer, 19 de fevereiro de 2018.

desenvolvimento e emergentes têm dificuldade em acompanhar as mudanças tecnológicas, uma situação que permite o florescimento de uma economia baseada na cibercriminalidade. O software que permite a comunicação encriptada e as redes privadas virtuais (VPN)[35] , por um lado, pode proteger activistas e dissidentes de regimes opressivos mas, por outro, tem permitido que os cibercriminosos se escondam das autoridades policiais. A encriptação torna mais difícil para as autoridades policiais identificar o tráfego malicioso na Web e seguir as comunicações de grupos criminosos. Ao mesmo tempo, os criminosos desenvolveram competências e ferramentas para frustrar os investigadores. As agências de aplicação da lei há muito que se debatem com a falta de recursos (ou seja, financiamento, competências, equipamento e formação) para combater o cibercrime, mas esse é apenas um dos desafios que enfrentam. É ainda mais difícil perseguir criminosos transnacionais.

Em muitos países em desenvolvimento, a legislação relativa à cibercriminalidade é inadequada, as penas são insuficientes e os conhecimentos jurídicos necessários para processar os cibercrimes são escassos. Existem também obstáculos processuais significativos, incluindo questões de jurisdição, desafios na manutenção de padrões de prova e a dificuldade de explicar aos júris crimes digitais complexos. Os criminosos ficam frequentemente impunes por várias razões; por exemplo, a ausência de tratados adequados de partilha de provas e de extradição entre países e a falta de capacidade para investigar os cibercrimes, identificar ou localizar os infratores ou deter os culpados.[36]

---

[35] Uma rede privada virtual (VPN) estende uma rede privada através de uma rede pública e permite aos utilizadores enviar e receber dados através de redes partilhadas ou públicas como se os seus dispositivos informáticos estivessem diretamente ligados à rede privada. As aplicações executadas através de uma VPN podem, por conseguinte, beneficiar da funcionalidade, segurança e gestão da rede privada.
[36] Instituto SWIFT, 2016 (ver referência completa acima).

3 Capítulo 3: Abordagens para colmatar o défice de recursos em matéria de cibersegurança

Estão agora a surgir iniciativas dos sectores público e privado, incluindo esforços nacionais e internacionais, que procuram responder à necessidade urgente de informação, aconselhamento técnico, formação e resposta a incidentes. Os mercados dos países desenvolvidos, emergentes e em desenvolvimento apresentam uma série de exemplos de boas práticas, em que os fornecedores e/ou as agências do sector público se associaram para partilhar informações e prestar apoio ao sector financeiro. Alguns destes esforços são liderados pelo sector público, mas a maioria é liderada pelo sector privado ou inclui parcerias público-privadas.

3.1 Alguns governos investem na criação de estruturas públicas de apoio à cibersegurança para o sector financeiro

Nos mercados em desenvolvimento, os esforços de cibersegurança conduzidos pelos governos ou organismos públicos não visam frequentemente o sector privado como cliente. Devido à capacidade e aos recursos limitados, as iniciativas nacionais de cibersegurança tendem a concentrar-se em servir os organismos públicos e as infra-estruturas críticas - os activos mais importantes para a estabilidade e integridade do mercado. No entanto, mesmo para servir os seus próprios organismos e infra-estruturas de mercado, a capacidade e os recursos são muitas vezes insuficientes para formar e educar eficazmente o pessoal dos organismos públicos, recrutar peritos técnicos e prestar o apoio de que os reguladores e supervisores necessitam.

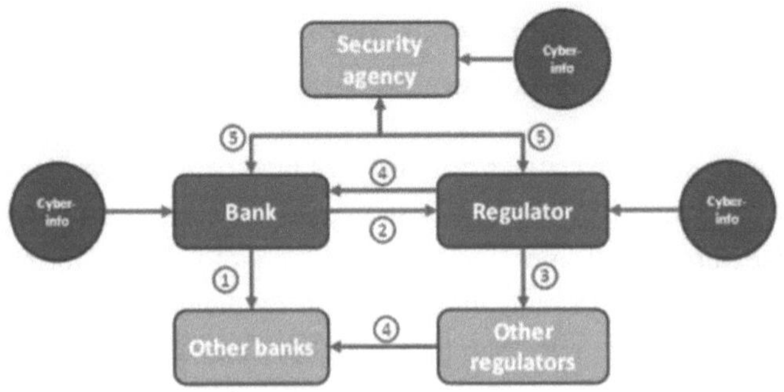

As estruturas nacionais de apoio mais comuns são as equipas de resposta a emergências informáticas (CERT) ou as equipas nacionais de resposta a incidentes de segurança informática (CSIRT) que prestam assistência quando um sistema informático ou de dados é atacado.[37] Em África, são cada vez mais os governos que criam estas estruturas, estando algumas já em funcionamento. No entanto, os CERT e as CSIRT carecem frequentemente de capacidade e têm dificuldade em acompanhar as rápidas mudanças que ocorrem no panorama das ciberameaças, o que, por sua vez, tem impacto no aconselhamento e apoio que podem prestar à indústria. Apenas alguns países têm CERT especializadas em responder a ameaças e incidentes no sector financeiro. Normalmente, a gama de serviços prestados por estas equipas é muito limitada, os serviços não estão disponíveis 24 horas por dia, 7 dias por semana e raramente incluem uma linha de resposta de emergência. As lacunas importantes nos serviços incluem centros de operações de segurança,[38] partilha de informações sobre ameaças regionais e de todo o sector, serviços de consultoria política, serviços de consultoria específicos do sector financeiro e programas educativos para empresas e indivíduos.

Os exemplos de boas práticas são os seguintes:

---

[37] Embora os termos CSIRT e CERT sejam frequentemente utilizados como sinónimos, são tecnicamente distintos. Os CERT trabalham normalmente com a comunidade Internet para facilitar a sua resposta a eventos de segurança informática e para aumentar a sensibilização e fornecer orientações sobre a melhoria da segurança dos sistemas informáticos. O trabalho de um CERT envolve normalmente a prestação de assistência técnica 24 horas por dia para responder a incidentes de segurança informática e vulnerabilidades de sistemas. As CSIRT são normalmente as equipas responsáveis pela receção, análise e resposta a relatórios e actividades de incidentes de segurança informática. Os seus serviços são normalmente prestados a uma parte definida, que pode variar entre uma empresa e um cliente pagante. Uma CSIRT pode ser uma equipa formalizada ou uma equipa ad hoc.

[38] Um centro de operações de segurança (SOC) monitoriza e analisa as actividades de um sistema informático para detetar anomalias e proteger o sistema de ciberataques.

- **A Autoridade Nacional de Tecnologias da Informação** (NITA) **do Gana criou** uma equipa que apoia as agências governamentais com serviços e apoio informáticos, incluindo serviços de segurança de dados e de TI. Além disso, a NITA aloja o centro de dados nacional e gere as suas operações e segurança. Facilitam a partilha de informações sobre ameaças entre as agências e as infra-estruturas críticas do Gana e colaboram com a unidade de cibersegurança da Polícia Nacional.
- Em **Israel,** o Ministério das Finanças e a Direção Cibernética do Gabinete do Primeiro-Ministro criaram conjuntamente, em 2017, um **Centro de Continuidade Cibernética e Financeira**. Este Centro faz parte do CERT Financeiro do país e oferece serviços especializados de apoio à cibersegurança ao sector financeiro, incluindo formação, análises de situação, uma plataforma para a partilha de informações sobre ameaças e cooperação, e resposta a incidentes. O Centro é responsável por reforçar a resiliência do sector financeiro contra ataques, o que consegue através da identificação proactiva de ameaças e da promoção da proteção, do avanço da preparação e da colaboração com instituições financeiras de todo o mundo.

3.2 Os fornecedores e as associações do sector financeiro estão a liderar esforços de colaboração para reforçar a sua ciber-resiliência

Na maioria dos países desenvolvidos e em vários países emergentes e em desenvolvimento, os intervenientes do sector privado estão a unir-se para partilhar informações sobre ameaças e combater conjuntamente a fraude financeira e a cibercriminalidade. Em muitos casos, as associações bancárias assumiram a liderança na formalização do intercâmbio de ciberameaças. Por vezes, apenas alguns intervenientes concordam em colaborar e criar uma parceria, à qual se juntam outras partes ao longo do tempo. As parcerias assumem diferentes formas e nem sempre se limitam aos intervenientes do sector financeiro; incluem também empresas dos sectores das TI, das telecomunicações e dos serviços secretos. Mais recentemente, registou-se também um aumento acentuado do número de empresas de cibersegurança e de segurança financeira, muitas vezes de menor dimensão, que vêem um nicho de mercado no fornecimento de produtos e serviços de cibersegurança aos FSP e às empresas fintech. Outro desenvolvimento é o aumento dos produtos de cibersegurança, especialmente entre as grandes companhias de seguros multinacionais. Os exemplos de boas práticas são os seguintes:

- **O Centro Alemão de Competência contra o Cibercrime e.V.** (G4C) foi criado por três bancos comerciais em 2013 para colaborar na identificação e eliminação de riscos de segurança numa fase inicial. O G4C alargou a sua parceria a outros membros, incluindo agências de crédito alemãs, o Banco de Desenvolvimento KfW, empresas de consultoria bancária e empresas de segurança informática. Também coopera com o Departamento Federal de Polícia Criminal e o Departamento Federal de Segurança da Informação da Alemanha. A abordagem da G4C consiste em enfrentar os desafios colocados pelo elevado grau de interligação dos processos empresariais e a consequente dependência de sistemas de TI funcionais. Constrói equipas altamente especializadas que trabalham em conjunto numa base interdisciplinar com o objetivo geral de trocar conhecimentos e experiências e partilhar informações sobre ameaças para melhorar a ciber-resiliência dos participantes.
- **A Suricate Solutions, no Senegal,** criou um centro de apoio à cibersegurança para instituições de microfinanças que oferece uma gama de serviços e soluções, incluindo serviços de consultoria técnica, monitorização de sistemas e resposta a incidentes, auditorias e avaliações técnicas e formação.

  A Suricate Solutions foi criada em 2015 para apoiar o sector da inclusão financeira na África Ocidental. Com sede no Senegal e um ponto de serviço na Costa do Marfim, a Suricate Solutions fornece serviços básicos de cibersegurança a instituições de microfinanças nestes dois países. No Senegal, a Suricate Solutions tem uma parceria com uma universidade local, oferecendo formação no local de trabalho a estudantes de TI. Enquanto as equipas locais estão equipadas para detetar actividades suspeitas e lidar com incidentes básicos, os casos mais difíceis são encaminhados para uma empresa parceira no Luxemburgo com capacidades relevantes. A visão da empresa é expandir-se por todo o continente, servindo clientes em toda a África.
- O **Centro Sul-Africano de Informação sobre Riscos Bancários** (SABRIC)

é uma empresa sem fins lucrativos criada pelos quatro principais bancos da África do Sul para coordenar as actividades interbancárias destinadas a combater a criminalidade financeira organizada relacionada com os bancos, a criminalidade violenta e a cibercriminalidade. O SABRIC está sediado na Associação Bancária da África do Sul, a partir da qual serve todos os seus mais de 20 membros do sector bancário e de pagamentos. Um aspeto fundamental do trabalho do SABRIC é facilitar a colaboração e a troca de informações entre os seus membros do sector privado e os organismos reguladores e de supervisão da África do Sul. O SABRIC também lidera programas de sensibilização e educação pública que procuram educar o público sobre a forma de se protegerem.

- O **CERT do sector bancário da Tailândia** (TB-CERT) foi criado no final de 2017 pela Associação de Banqueiros da Tailândia e pelo Governo tailandês. Centra-se na partilha de informações sobre ameaças e melhores práticas entre os seus membros, proporciona formação e reforço de capacidades e facilita o diálogo entre o sector e o seu regulador. O sector público - principalmente o Banco da Tailândia e a Agência Tailandesa de Desenvolvimento de Transacções Electrónicas - apoiou a criação e as operações do TB-CERT.

- **O Centro de Análise e Partilha de Informações sobre Serviços Financeiros dos Estados Unidos** (FS-ISAC) foi criado em 1999 por um consórcio de FSPs sediados nos EUA, em resposta a uma Diretiva de Decisão Presidencial que obrigava os sectores público e privado a partilhar informações sobre ameaças e vulnerabilidades de segurança física e cibernética através de centros de análise e partilha de informações (ISACs). Nos últimos anos, o FS-ISAC transformou-se numa organização global que apoia o sector dos serviços financeiros através da partilha de informações sobre ameaças, exercícios cibernéticos, formação e educação. Também partilham informações sobre ameaças com agências governamentais e outros ISAC de infra-estruturas críticas e colaboram com conselhos internacionais e regionais do sector financeiro. O FS-ISAC tem mais de 7.000 membros de 50 países de África, Ásia, Europa, América do Norte, Oceânia e América do Sul.

3.3 As iniciativas promissoras no domínio da cibersegurança baseiam-se em parcerias público-privadas

A colaboração intersectorial e entre os sectores público e privado é cada vez mais vista como uma necessidade para combater a cibercriminalidade e atenuar eficazmente os riscos. Na maioria dos países, já existe alguma forma de diálogo público-privado, nomeadamente nos sectores financeiro e das telecomunicações.

Os exemplos de boas práticas são os seguintes:
- **O Laboratório Nacional de Inovação Fintech-Cyber de Israel** é liderado pelo Ministério das Finanças, pelo CERT Financeiro e pela Direção Cibernética do país, com o objetivo de promover a inovação nas indústrias fintech e cibernética e estimular o investimento estrangeiro. O Laboratório de Inovação permite que as empresas em fase de arranque israelitas desenvolvam, testem e demonstrem tecnologias de cibersegurança para o sector financeiro. Oferece às startups um campo de testes com sistemas, processos e dados financeiros simulados. A iniciativa é apoiada pelo Centro de Continuidade Cibernética e Financeira do país (ver secção 3.1), pelas partes interessadas nacionais no ecossistema financeiro e regulamentar, pelas agências governamentais e pelo meio académico.
- **O Centro de Competências Cibernéticas do Luxemburgo** é um centro de recursos centralizado e partilhado que apoia os sectores público e privado, bem como os indivíduos, na gestão eficaz da cibersegurança. Criado em 2015, o Centro é uma parceria público-privada que recebe dois terços do seu financiamento do governo e o restante das suas operações comerciais.

  Os seus serviços incluem o Centro de Resposta a Incidentes Informáticos, a sensibilização e a partilha de informações, a classificação do nível de segurança dos fornecedores de serviços Internet, a partilha de informações sobre malware, a análise de fugas de informação, a formação e as ferramentas para a segurança informática e a gestão de uma comunidade de práticas.
- **O Fórum de Fraude Eletrónica da Nigéria** é uma plataforma de diálogo

público-privada para o intercâmbio de informações e partilha de conhecimentos sobre questões de fraude entre as principais partes interessadas, que incluem representantes de bancos, operadores de pagamentos móveis, operadores de sistemas de pagamento, autoridades nacionais de segurança e de informação e o Banco Central da Nigéria. O Fórum reúne-se de dois em dois meses para facilitar a colaboração na mitigação e combate à fraude, bem como para restaurar a confiança do público na utilização de cartões e nos pagamentos electrónicos.

3.4 As abordagens plurinacionais podem ajudar a superar o défice de recursos através de economias de escala e de âmbito

Dois desafios fundamentais surgem quando se trabalha para disponibilizar serviços de apoio à cibersegurança nos países em desenvolvimento. Em primeiro lugar, estes países dispõem de um número limitado de peritos em cibersegurança, nomeadamente peritos que compreendem as ciberameaças no contexto das FDS. Em segundo lugar, é provável que as economias de alguns países em desenvolvimento não gerem uma procura suficiente no país para apoiar plenamente a atividade de um centro de recursos de cibersegurança acessível. Por conseguinte, uma solução eficaz para o défice de recursos em matéria de cibersegurança pode ser a criação de centros regionais de recursos em matéria de cibersegurança que possam aproveitar os conhecimentos especializados disponíveis numa região e criar uma massa crítica servindo a procura de vários países. Estes centros regionais podem ser especializados nos sectores dos serviços financeiros e sectores conexos, podem servir tanto o sector público como o privado e podem funcionar como uma plataforma imparcial para a colaboração e o intercâmbio entre os sectores público e privado, incluindo a partilha de informações sobre ameaças. Devido à sua estrutura multinacional, os centros regionais poderão facilitar o intercâmbio transfronteiriço, operar sistemas de alerta precoce e partilhar tendências, ameaças e boas práticas regionais com outras regiões e plataformas globais. Outra vantagem dos centros regionais é a possibilidade de os ligar a centros de recursos de cibersegurança em economias mais desenvolvidas, que podem fornecer apoio de reserva, conhecimentos especializados e ferramentas que podem não estar disponíveis a nível regional. Por exemplo, um centro regional de cibersegurança na África Ocidental pode encaminhar incidentes graves para um centro de apoio cibernético na Europa. Na verdade, vários intervenientes na Europa e em África estão já a trabalhar na conceção e desenvolvimento desses centros regionais de recursos de cibersegurança.[39]

Atualmente, existem apenas algumas iniciativas que apoiam as partes interessadas em vários países e facilitam o diálogo e o intercâmbio transfronteiriço. Um exemplo é a rede de partilha de ameaças FS-ISAC, que se tem vindo a expandir globalmente e a estabelecer centros regionais na Ásia e na Europa. A maioria das iniciativas multinacionais tendem a ser esforços globais com serviços genéricos do sector; a sua especialização é normalmente no tipo de serviços prestados. Os pequenos e médios prestadores de serviços financeiros e os governos com recursos e capacidades limitadas criticam o facto de estas iniciativas serem de difícil acesso. Prefeririam um balcão único onde pudessem aceder a serviços especializados e trocar informações com os seus pares da sua região.[40] São urgentemente necessários esforços inclusivos de vários países que forneçam serviços acessíveis e especializados para o sector dos serviços financeiros (digitais), a fim de apoiar eficazmente o crescente sector dos serviços financeiros digitais nos países em desenvolvimento.

Os esforços plurinacionais existentes incluem o seguinte:

- **O Global Cyber Security Capacity Centre** da Universidade de Oxford, no Reino Unido, é um centro de investigação para o reforço das capacidades de cibersegurança. O Centro de Capacidades opera a nível mundial e as suas ofertas incluem a prestação de formação e apoio a governos e empresas de países em desenvolvimento. Os programas de reforço de capacidades do Centro de Capacidades e o seu Modelo de Maturidade da Capacidade de Cibersegurança para as Nações (um quadro para avaliar a maturidade da capacidade de cibersegurança de um país) abrangem vários sectores e não envolvem orientações específicas para o sector financeiro.

- **O Centro Global para a Cibersegurança do Fórum Económico Mundial** é uma plataforma global que foi lançada em 2018 para apoiar a colaboração entre os membros do Fórum na luta contra o crime digital organizado. O objetivo do Centro Global é promover a cooperação em matéria de desafios de cibersegurança, facilitando a colaboração, o intercâmbio de informações e o desenvolvimento de normas comuns entre governos, empresas, peritos e agências de aplicação da lei. Tal como o Centro de Capacidades da Universidade de Oxford, a plataforma ainda não oferece serviços especializados para os intervenientes do sector financeiro.

3.5 Os parceiros de desenvolvimento podem ajudar o sector a tornar-se mais resistente ao ciberespaço

Os parceiros de desenvolvimento e os doadores têm um papel importante a desempenhar no apoio aos mercados emergentes e em desenvolvimento para colmatar o défice de recursos em matéria de cibersegurança. As abordagens específicas para apoiar o sector são as seguintes

1. Sensibilizar os parceiros e os clientes e integrar a segurança e a proteção dos dados na conceção dos programas.
2. Apoiar os parceiros públicos e privados na aplicação de uma boa higiene em matéria de cibersegurança e na formação do seu pessoal nesta matéria. Este trabalho pode envolver o desenvolvimento de currículos e a formação de formadores, que os doadores podem apoiar financeiramente e facilitando o intercâmbio e a colaboração Norte-Sul.
3. Apoiar os reguladores e supervisores no reforço da sua capacidade de regulamentar, supervisionar, aplicar e aconselhar o sector e os consumidores em matéria de boa higiene da cibersegurança e de respostas adequadas a incidentes informáticos. Além disso, sensibilizar para a necessidade de desenvolver estratégias empresariais de cibersegurança e de envolver o conselho de administração e a direção na condução dessas estratégias.
4. Apoiar os sectores público e privado na sua oferta de educação dos consumidores e de recursos dos consumidores. As populações com rendimentos mais baixos, em particular, estão menos conscientes dos riscos associados à utilização de dispositivos e serviços digitais e

sentem-se menos capacitadas para procurar ajuda junto dos fornecedores ou dos decisores políticos. Embora a investigação do CGAP mostre que as pessoas pobres se preocupam com a sua privacidade e segurança de dados, a sua necessidade de fundos pode pressioná-las a aceitar produtos menos protectores.[41] Os doadores e os parceiros de desenvolvimento podem apoiar programas de educação pública e aconselhar os decisores políticos e os agentes do sector a criarem mecanismos adequados e eficazes de recurso e apoio ao cliente.

Por exemplo, a GIZ está a trabalhar com os seus parceiros de desenvolvimento do sector financeiro público e privado na criação e integração de fortes controlos de segurança cibernética em toda a estrutura de gestão de riscos. Na Índia e no Paquistão, a GIZ está envolvida no desenvolvimento de uma aplicação de gestão de riscos de saúde,[42] , que fornece aos utilizadores: uma carteira eletrónica para efetuar pagamentos de serviços de saúde em hospitais e farmácias; cursos de formação digital em saúde para uma melhor gestão dos riscos; e consultas e receitas médicas em linha. Dado que uma grande quantidade de dados sensíveis é recolhida através da aplicação e utilizada por esta, a segurança e a privacidade dos dados dos utilizadores são cruciais. São realizados ciberataques simulados que procuram piratear a aplicação e, ao fazê-lo, identificar eventuais lacunas de segurança, que podem depois ser resolvidas. O trabalho adicional para proteger os dados pessoais dos utilizadores da aplicação inclui a análise regular da infraestrutura de TI da aplicação, o trabalho para identificar pontos fracos e a adaptação da aplicação para cumprir as normas do Regulamento Geral sobre a Proteção de Dados (RGPD) da UE.

---

[41] CGAP, Privacidade e proteção de dados, CGAP, 2019.
[42] A aplicação foi criada como parte do trabalho da aliança estratégica entre a GIZ e a Allianz SE. Ver também https://www.developpp.de.

4 Capítulo 4: Requisitos de conformidade com o PCI DSS

4.1 Introdução

Há mais de 10 anos, o PCI Security Standards Council era uma organização independente criada com o único objetivo de auto-regular as normas. Cada marca de cartão gere as suas próprias normas. Com o passar do tempo, aperceberam-se de que a distinção entre cada norma não era do interesse do cliente e que este tinha de se conformar a uma variedade de normas. Criaram, então, o PCI Security Standards Council como um meio único de gerir um conjunto de normas de segurança que são necessárias para interagir com a Visa, a MasterCard, a American Express, a Discover Financial Services e a JCB International. Os fornecedores de serviços são atualmente qualquer organização que armazene, processe ou transmita dados do titular do cartão em nome de terceiros ou que comprometa potencialmente a segurança de terceiros.

Começámos por analisar os requisitos da norma de segurança PCI DSS e os requisitos individuais. Como é que estes se aplicam ao seu ambiente? A partir daí, a sua empresa terá as opções correctas. Por isso, espero que fique satisfeito. Muito obrigado.

4.2 Visão geral do PCI DSS

1. **O que é o PCI DSS?**

O PCI DSS (Payment Card Industry Data Security Standard) é uma norma de segurança estabelecida pelo PCI Security Standards Council, que inclui membros: Visa, MasterCard, American Express, Discover Financial Services, JCB International. Para obter este certificado, o fornecedor de serviços deve testar mensalmente a rede de infra-estruturas. Além disso, o Security Standards Council efectua auditorias de segurança anuais, para garantir que as directrizes de segurança são cumpridas e respeitadas.

2. **Qual é o objetivo do PCI DSS?**

A fim de garantir que todas as plataformas e sítios Web de comércio eletrónico que aceitam, processam e armazenam informações sobre cartões de crédito e cartões bancários mantêm um ambiente estritamente seguro e protegido.

3. O que é que o PCI DSS protege?

O PCI DSS protege os dados dos cartões de pagamento para evitar o roubo de cartões bancários e a sua utilização não autorizada. As informações dos dados do cartão de pagamento incluem: Número de informação da conta (PAN), nome do titular da conta, data de validade e código de confirmação.

4. Quem deve cumprir o PCI DSS?

A conformidade com o PCI DSS é uma obrigação, independentemente da organização de implementação da empresa ou do número de cartões de pagamento de transação liquidados e processados anualmente. São válidas para todas as empresas envolvidas na utilização de cartões de pagamento de qualquer tipo. As seguintes organizações estão incluídas nesta lista:

- As sociedades financeiras, os bancos e os bancos comerciais são exemplos de instituições financeiras.
- Os comerciantes tradicionais e o comércio eletrónico,
- Prestadores de serviços
- Vendedores de pontos de venda.

4.2.1 Estrutura principal do PCI DSS

Todas as empresas devem cumprir seis objectivos-chave de controlo, 12 especificações fundamentais e muitos outros sub-requisitos. Cada requisito está dividido em três partes: declaração de requisitos, procedimento de teste e instruções.

Controlo do alvo	Requisitos essenciais	Explicação
1. Criar e manter uma rede segura	1. Utilizar uma firewall	A firewall funciona como uma barreira contra pedidos maliciosos de entrada, impedindo o acesso não autorizado aos dados.
	2. Alterar as palavras-passe predefinidas fornecidas pelo fornecedor	As palavras-passe predefinidas são facilmente adivinhadas ou tornadas públicas, enfraquecendo a segurança geral.
2. Proteção dos dados do titular do cartão	3. Proteger os dados armazenados utilizando encriptação, hashing ou mascaramento	A encriptação robusta como RSA, ECC codifica os dados, tornando-os ilegíveis para indivíduos não autorizados.

3. Manter um programa de gestão de vulnerabilidades	4. Encriptar os dados do titular do cartão durante a transmissão	Os certificados TLS/SSL garantem a segurança do trânsito de dados.
	5. Utilizar software antivírus ou antimalware	As ferramentas antivírus detectam e removem vários **tipos** de malwares, aumentando a segurança do sistema.
	6. Desenvolver e manter sistemas e aplicações seguros	Actualizações regulares e uma infraestrutura de segurança sólida protegem os sistemas contra vulnerabilidades.
4. Aplicar medidas rigorosas de controlo do acesso	7. Conceder o acesso aos dados do titular do cartão apenas a pessoas autorizadas	O acesso limitado reduz os riscos de ameaças internas ao restringir o acesso aos dados.
	8. Atribuir **uma** identificação única a cada empregado	Os IDs individuais estabelecem a responsabilidade e a rastreabilidade dentro da organização.
	9. Restringir o acesso a sistemas físicos com dados do titular do cartão	A segurança dos sistemas físicos impede a eliminação ou o roubo de dados não autorizados.
5. Monitorizar e verificar regularmente a rede	10. Acompanhar e monitorizar o acesso **aos** dados do titular do cartão	A monitorização das alterações do sistema ajuda a detetar o acesso não autorizado aos dados.
	11. Verificar e corrigir regularmente as vulnerabilidades do sistema	As verificações e correcções contínuas de vulnerabilidades atenuam a exploração por parte dos cibercriminosos.
6. Manter a política de segurança da informação	12. Ter uma política de privacidade para **todos** os empregados	Uma política de segurança abrangente educa os funcionários sobre os riscos cibernéticos e as estratégias de mitigação.

Abordar as responsabilidades de conformidade de uma nova empresa

4.2.2 Base teórica

A partir da estrutura central do PCI DSS, as empresas precisam de aderir a normas e princípios que ajudam a limitar e a evitar as seguintes potenciais consequências:

1. O não cumprimento pode resultar em coimas dos processadores de pagamentos. As coimas variam entre $10 por mês e mais de $1.000 por mês.

2. No caso de uma violação de dados, os examinadores forenses determinam se a violação de dados se deve a uma não conformidade ou a outra falha de controlo relacionada com a segurança. Os custos dos exames forenses são imputados à entidade que registou a violação de segurança.

3. As marcas de pagamento podem impor restrições ou terminar o serviço por completo para as organizações que não consigam atingir a conformidade.

4. O mau controlo das informações relativas aos cartões de crédito afectou a reputação da marca e a lealdade dos clientes.

5. Se um cartão for emitido para uma nova tecnologia sem uma análise de conformidade, é muitas vezes necessário um novo design ou um novo dispositivo para ficar em conformidade, em comparação com uma análise de conformidade antes da implementação da nova tecnologia. Isto irá alargar o âmbito do ambiente de dados do titular do cartão, aumentando assim o custo.

4.2.3 Consideração das empresas

As normas de aplicação foram estabelecidas com base no número de transacções que uma empresa efectua por ano. Por conseguinte, as empresas só precisam de seguir o conjunto mais específico de princípios estabelecidos pela norma de aplicação do emissor do cartão:

Nível 1 - As empresas que processam mais de 6 milhões de transacções por ano devem cumprir todos os regulamentos aplicáveis.

Nível 2 - Este grupo inclui empresas com 1 a 6 milhões de transacções por ano.

Nível 3 - Empresas com vendas anuais entre $20.000 e $1 milhão.

Nível 4 - As empresas com menos de 20.000 transacções por ano, tais como empresas em fase de arranque e pequenas empresas, devem cumprir as regras definidas neste nível. Os ambientes de retalho têm normalmente duas vantagens para alcançar a conformidade com a PCI:

1.   Os sistemas das lojas são quase idênticos entre as cadeias de

retalho; é relativamente fácil investir numa solução integrada numa loja.

2.	Com uma utilização reduzida dos recursos de hardware, a parte do desempenho não é normalmente necessária com base no volume de transacções.

Na sua essência, as tecnologias de virtualização permitem que menos hardware realize mais tarefas, trazendo assim o conceito de Retorno sobre o Investimento (ROI) para o dicionário PCI. A virtualização permite que os retalhistas tenham PCI com ROI. Para os retalhistas com vários locais, isto não é uma grande desvantagem. Quanto mais lojas tirarem partido da virtualização, melhor se torna a economia, que é o que a indústria tecnológica de retalho pretendia em primeiro lugar. Por isso, as empresas devem aderir à segurança nos seus negócios.

Conclusão

Como proprietário de uma empresa, tem a obrigação legal e ética de proteger os dados confidenciais dos clientes (ao abrigo de leis e regulamentos como a CCPA, FIPS, GDPR, etc.). O Guia PCI DSS é um ótimo recurso para conhecer as inúmeras falhas de segurança que tornam os dados do titular do cartão vulneráveis, o impacto dessas falhas e as medidas que deve tomar para reduzir o risco. Quando ocorre uma violação de dados ou um ciberataque, seguir estas directrizes protege-o de consequências legais graves. Demonstra que tomou as medidas correctas para proteger as informações dos clientes. Por outro lado, o não cumprimento do PCI DSS não só conduz a pesadas multas, como também prejudica a sua relação com as empresas de cartões de pagamento e os bancos. Por conseguinte, para desenvolver uma postura de segurança sólida, cumpra sempre as directrizes básicas do PCI DSS.

Referências

1. "Computer Security: Principles and Practice" de William Stallings e Lawrie Brown
2. "Network Security Essentials: Aplicações e Normas" de William Stallings
3. "Hacking: A Arte da Exploração" de Jon Erickson
4. "The Web Application Hacker's Handbook: Finding and Exploiting Security Flaws" de Dafydd Stuttard e Marcus Pinto
5. "CISSP (ISC)2 Certified Information Systems Security Professional Official Study Guide" de Mike Chapple, James M. Stewart e Darril Gibson
6. "Engenharia de Segurança: A Guide to Building Dependable Distributed Systems" de Ross J. Anderson

yes
I want morebooks!

Buy your books fast and straightforward online - at one of world's fastest growing online book stores! Environmentally sound due to Print-on-Demand technologies.

Buy your books online at
www.morebooks.shop

Compre os seus livros mais rápido e diretamente na internet, em uma das livrarias on-line com o maior crescimento no mundo! Produção que protege o meio ambiente através das tecnologias de impressão sob demanda.

Compre os seus livros on-line em
www.morebooks.shop